DINOSAURI

I dinosauri erano creature che abitavano la Terra milioni di anni fa.

Più specificamente, vissero durante l'era Mesozoica, dal tardo Triassico alla fine del Cretaceo.

TARDO TRIASSICO

Si estende da 235 milioni di anni fa a circa 200 milioni di anni fa.

GIURASSICO

È iniziato 200 milioni di anni fa e si è concluso 145 milioni di anni fa.

CRETACEO

È iniziato 145 milioni di anni fa e si è concluso 65 milioni di anni fa.

Tutto ciò che sappiamo sui dinosauri lo dobbiamo ai paleontologi.

Questi scienziati si dedicano allo studio dei fossili che trovano.

Fossili: sono resti di ossa pietrificate, denti, impronte...

CHE ASPETTO AVEVANO?

- I dinosauri facevano parte del gruppo dei **rettili**. Erano animali **vertebrati**.
- La maggior parte delle specie aveva il corpo ricoperto di **squame** dure.
- Tutti erano **ovipari**; cioè, nati dalle uova.

- Avevano quattro zampe e una coda.

- Alcuni dinosauri erano massicci, come il Brachiosaurus, che poteva misurare 13 m di altezza e 25 m di lunghezza.

- Altri erano piccoli, come il Compsognathus, che aveva una lunghezza massima di 1,5 m.

CHE COSA MANGiAVANO?

I dinosauri potevano nutrirsi di carne, piante o entrambi.

CARNiVORi

Si nutrivano di altri animali, come mammiferi, pesci, insetti e persino altri dinosauri.

Tyrannosaurus rex

ERBIVORI

Mangiavano solo piante, foglie di alberi e ogni tipo di vegetazione.

Triceratops

ONNIVORI

Potevano nutrirsi di piante, insetti, piccoli animali e persino altri dinosauri.

Caudipteryx

DOVE VIVEVANO?

Si potrebbe dire che, in generale, i dinosauri erano animali **terrestri**.

Alcuni erano **quadrupedi** perché camminavano a quattro zampe.

Altri erano **bipedi** perché camminavano sulle zampe posteriori. Quelle anteriori, a mo' di braccia, erano più corte.

Diplodocus

Velociraptor

C'erano anche enormi **rettili marini**.

Erano fondamentalmente divisi in tre tipi: **Ittiosauri**, **Plesiosauri** e **Mosasauri**.

Plesiosaurus

E c'erano anche **rettili volanti**, che furono i primi vertebrati a sviluppare la capacità di volare.

Pteranodon

I 2 GRANDI GRUPPI

I dinosauri vengono generalmente classificati in due grandi gruppi in base alla forma dei loro fianchi.

ORNITISCHI

I dinosauri ornitischi erano quelli con i fianchi modellati in modo simile a quelli degli uccelli. Erano erbivori e si nutrivano di piante o vegetazione.

Iguanodon

SAURISCHI

I dinosauri saurischi erano quelli con fianchi simili a lucertole. Questi potevano essere erbivori o carnivori, a seconda della specie.

Apatosaurus (erbivoro)

Spinosaurus (carnivoro)

Alla fine del libro troverai delle schede informative sulle specie di dinosauri più conosciute!

PERCHÉ SI SONO ESTINTI?

Anche se la vera ragione dell'estinzione dei dinosauri è ancora sconosciuta, la teoria più accreditata è che sia stata conseguenza dell'impatto di un meteorite sulla Terra.

Gli scienziati hanno scoperto l'impatto di un meteorite nella penisola dello Yucatan in Messico, la cui età è di 65 milioni di anni.

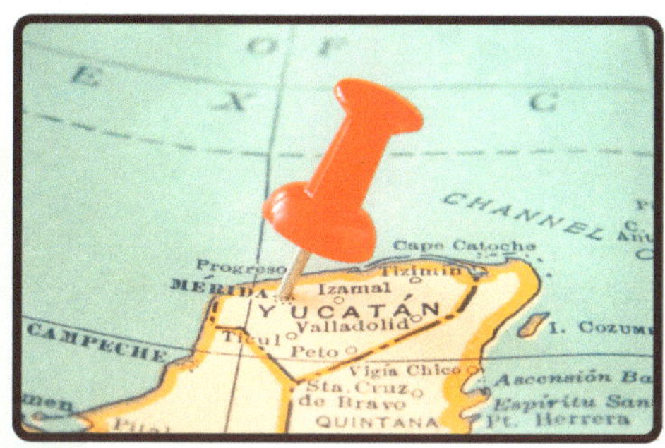

Ma non è stato direttamente l'impatto del meteorite a causare l'estinzione:

- L'impatto ha causato dei mega-tsunami che hanno colpito quasi tutto il pianeta.
- Ha causato terremoti ed eruzioni vulcaniche.
- Una nuvola di cenere e polvere bloccò la luce del sole. Le piante morirono e il pianeta divenne freddo e inabitabile.

CURIOSITÀ

In realtà i dinosauri erano solo terrestri. Si nota infatti che nel libro abbiamo citato rettili marini e rettili volanti, e non dinosauri marini o dinosauri volanti.

— — — — — —

La parola "dinosauro" deriva dal greco deinos (terribile) e saurus (lucertola), cioè "terribile lucertola".

— — — — — —

Gli esseri umani non coesistevano con i dinosauri. I primi esseri umani apparvero milioni di anni dopo l'estinzione dei dinosauri.

Alcuni dinosauri avevano braccia minuscole e code grandi per bilanciare il peso in modo da non cadere in avanti. Questo è il caso del T-Rex.

———————

Al tempo dei dinosauri, il pianeta Terra era unito in un unico continente chiamato Pangea.

———————

Si ritiene che la prima scoperta di un osso di dinosauro sia avvenuta in Cina circa 3.500 anni fa. Non si sapeva ancora nulla dei dinosauri, quindi pensarono di aver scoperto un osso di drago.

T- REX

- **Altezza**: 4 metri
- **Lunghezza**: 13 metri
- **Peso**: 6-8 tonnellate
- **Locomozione**: bipede
- **Velocità**: 30 km/h
- **Gruppo**: Saurischi
- **Dieta**: carnivoro
- **Periodo**: Tardo Cretaceo
- **Significato del nome**: il re delle lucertole tiranne

- Resti fossili di Tyrannosaurus rex sono stati trovati in Canada e negli Stati Uniti.
- Il suo nome deriva dalla parola greca Tyranno e si riferisce all'abuso del proprio potere e alla superiorità sugli altri.

VELOCIRAPTOR

- **Altezza**: 0,5 metri
- **Lunghezza**: 2 metri
- **Peso**: 15 kg
- **Locomozione**: bipede
- **Velocità**: 40 km/h
- **Gruppo**: Saurischi
- **Dieta**: carnivoro
- **Periodo**: tardo Cretaceo
- **Significato del nome**: rapace veloce

- I suoi fossili sono stati trovati in Asia centrale e in Mongolia.
- L'immagine a lato rappresenta il concetto comune di un Velociraptor, ma gli ultimi studi dimostrano che poteva avere le piume.

BRACHIOSAURUS

- **Altezza**: 13 metri
- **Lunghezza**: 25 metri
- **Peso**: 35-90 tonnellate
- **Locomozione**: quadrupede
- **Velocità**: 20 km/h
- **Gruppo**: Ornitischi
- **Dieta**: erbivoro
- **Periodo**: tardo Giurassico
- **Significato del nome**: lucertola con le braccia

- I suoi fossili sono stati trovati principalmente in Nord America, ma sono stati trovati anche in Portogallo, Algeria e Tanzania.

- Il suo collo poteva arrivare a circa 9 m, il che gli permetteva di nutrirsi delle foglie degli alberi più alti.

TRICERATOPS

- **Altezza**: 3 metri
- **Lunghezza**: 9 metri
- **Peso**: 6-10 tonnellate
- **Locomozione**: quadrupede
- **Velocità**: 30 km/h
- **Gruppo**: Ornitischi
- **Dieta**: erbivoro
- **Periodo**: Cretaceo
- **Significato del nome**: faccia con tre corna

- Il triceratopo viveva in quello che oggi è il Nord America.

- Nonostante le sue dimensioni e l'aspetto feroce, il Triceratopo è il dinosauro più docile e mansueto che si conosca.

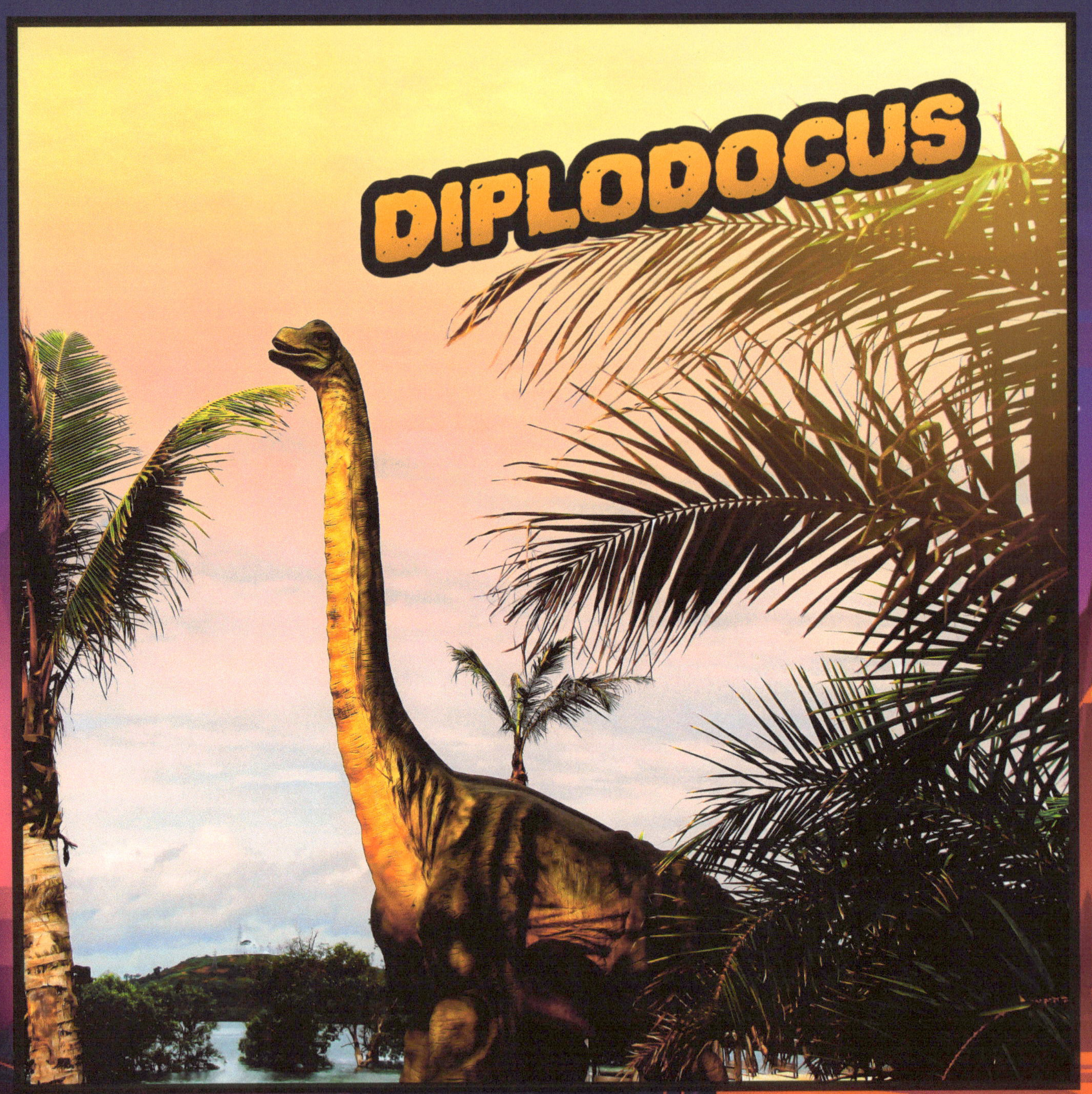
DIPLODOCUS

- **Altezza**: 4 metri

- **Lunghezza**: 27 metri

- **Peso**: 22 tonnellate

- **Locomozione**: quadrupede

- **Velocità**: 24 km/h

- **Gruppo**: Saurischi

- **Dieta**: erbivoro

- **Periodo**: tardo Giurassico

- **Significato del nome**: doppia trave

- Il suo nome deriva dalle doppie ossa della sua coda.

- I suoi resti fossili sono stati scoperti negli Stati Uniti.

- Il Diplodocus poteva dare frustate con la coda a una velocità di oltre 100 km/h!

STEGOSAURUS

- **Altezza**: 4 metri
- **Lunghezza**: 9 metri
- **Peso**: 3-5 tonnellate
- **Locomozione**: bipede
- **Velocità**: 7 km/h
- **Gruppo**: Ornitischi
- **Dieta**: erbivoro
- **Periodo**: tardo Giurassico
- **Significato del nome**: lucertola a tetto

- Il suo nome deriva dal fatto che, in un primo momento, si credeva che le sue placche fossero piatte, come tegole su un tetto, a fungere da protezione.
- I fossili sono stati ritrovati in Nord America e in Europa.

IGUANODON

- **Altezza**: 3 metri
- **Lunghezza**: 10 metri
- **Peso**: 3,5-5 tonnellate
- **Locomozione**: bipede/quadrupede
- **Velocità**: 24 km/h
- **Gruppo**: Ornitischi
- **Dieta**: erbivoro
- **Periodo**: Cretaceo inferiore
- **Significato del nome**: dente di iguana

- Il suo nome deriva dalla somiglianza dei suoi denti con quelli delle odierne iguane.
- Fossili di Iguanodon sono stati trovati in diversi luoghi: Spagna, Belgio, Inghilterra, Germania, Stati Uniti e Nord Africa.

SPINOSAURUS

- **Altezza**: 5 metri
- **Lunghezza**: 15 metri
- **Peso**: 7-9 tonnellate
- **Locomozione**: bipede
- **Velocità**: 15 km/h
- **Gruppo**: Saurischi
- **Dieta**: carnivoro
- **Periodo**: Cretaceo
- **Significato del nome**: lucertola spinosa

- Il nome si riferisce alla sua grande pinna dorsale.
- Era probabilmente il più grande dinosauro carnivoro, e superava persino il temibile T-Rex!
- Poteva muoversi a grande velocità attraverso l'acqua, dove cacciava la sua preda.

PARASAUROLOPHUS

- **Altezza**: 4 metri
- **Lunghezza**: 10 metri
- **Peso**: 3-5 tonnellate
- **Locomozione**: bipede/quadrupede
- **Velocità**: 35 km/h
- **Gruppo**: Ornitischi
- **Dieta**: erbivoro
- **Periodo**: tardo Cretaceo
- **Significato del nome**: vicino alla lucertola crestata

- Il suo nome è dovuto alla sua somiglianza con il Saurolophus ("lucertola crestata").
- I suoi fossili sono stati trovati in zone del Canada e degli Stati Uniti.

ANKYLOSAURUS

- **Altezza**: 2 metri
- **Lunghezza**: 8 metri
- **Peso**: 5-8 tonnellate
- **Locomozione**: quadrupede
- **Velocità**: 20 km/h
- **Gruppo**: ornitischi
- **Dieta**: erbivoro
- **Periodo**: tardo Cretaceo
- **Significato del nome**: lucertola fusa

- Aveva un'armatura composta da placche ossee che coprivano tutto il suo corpo, a parte il ventre.
- Caratteristica è anche la sua coda rifinita a forma di martello.
- Viveva nell'area dell'attuale Nord America.

MAMENCHISAURUS

- **Altezza**: 10 metri
- **Lunghezza**: 25 metri
- **Peso**: 20-35 tonnellate
- **Locomozione**: bipede
- **Velocità**: 13 km/h
- **Gruppo**: Saurischi
- **Dieta**: erbivoro
- **Periodo**: tardo Giurassico
- **Significato del nome**: lucertola di Mamenchi

- I suoi resti fossili sono stati trovati in Cina.
- È particolare il suo collo, che poteva misurare quasi la metà della lunghezza del corpo, circa 10 metri.

DILOPHOSAURUS

- **Altezza**: 2 metri
- **Lunghezza**: 7 metri
- **Peso**: 400-500 kg
- **Locomozione**: bipede
- **Velocità**: 40 km/h
- **Gruppo**: Saurischi
- **Dieta**: carnivoro
- **Periodo**: Giurassico inferiore
- **Significato del nome**: lucertola dalle due creste

- Il Dilophosaurus viveva in quello che oggi è il Nord America
- È noto per la scena del film "Jurassic Park" in cui sputa veleno. La verità è che non poteva sputare acido o veleno. Inoltre non aveva una membrana dispiegabile intorno al collo, come mostrato nel film.

Siamo arrivati alla fine.

Indubbiamente, il mondo dei dinosauri è pieno di fatti sorprendenti.

Ogni anno si imparano cose nuove su di loro e si scoprono persino nuove specie. Sarà molto interessante sapere quali nuovi dati otterremo, in futuro, su questi fantastici esseri che hanno abitato il nostro pianeta milioni di anni prima della nostra esistenza.

Spero che ti sia piaciuto e che tu abbia imparato cose nuove.

Voglio chiederti un favore affinché questo libro raggiunga più persone, e cioè che tu lo valuti con un parere sincero sulla piattaforma dove lo hai acquistato.

Con quel piccolo gesto mi aiuterai a portare avanti nuovi progetti.

Non vedo l'ora di iniziare a creare il mio prossimo libro per te!

A presto!

https://pge.me/books

9 788841 267765 2